AF470083

(186e)

NOTICE

DE

DESSINS ANCIENS

ET

ESTAMPES

ANCIENNES ET MODERNES

ORNEMENTS

DONT LA VENTE AURA LIEU

HOTEL DES COMMISSAIRES-PRISEURS

RUE DROUOT, 5

SALLE N° 6, AU PREMIER ÉTAGE

Le Mardi 16 Février 1864, à une heure très-précise

LA VACATION ÉTANT CHARGÉE

Me **DELBERGUE-CORMONT**, Commissaire-Priseur,
rue de Provence, 8,

Assisté de **M. VIGNÈRES**, Marchand d'Estampes,
rue de la Monnaie, 13, à l'entresol, entrée rue Baillet, 1,

Chez lequel se trouve la Notice.

PARIS
RENOU & MAULDE
IMPRIMEURS DE LA COMPAGNIE DES COMMISSAIRES-PRISEURS
rue de Rivoli, 144.

1864

CONDITIONS DE LA VENTE

L'ordre numérique sera suivi.

Les attributions de l'amateur ont été conservées pour les dessins.

Les lots pourront être divisés à la volonté du vendeur.

Au comptant.

Cinq pour cent en plus des enchères applicables aux frais.

On commencera à **une heure très-précise**, la vacation étant chargée.

M. VIGNÈRES, dirigeant la Vente, se charge des Commissions.

NOTA. Toute commission sans prix fixé ou sans limite déterminée sera regardée comme nulle.

M. VIGNÈRES se charge de faire marquer les prix aux Catalogues des ventes qu'il a faites. Les personnes qui le désirent peuvent s'adresser à lui *franco*.

AVIS. — Nous prions MM. les Amateurs éloignés de ne pas attendre au dernier jour, pour que les lettres arrivent le matin de la vente ; ils comprendront que quelques lettres peuvent se lire, mais de 20 à 50 lettres, c'est difficile.

				Frais 23 %			
Blaisot	payé	963					
Girard	payé	292	25	67	25	225	..
Bernard 23 [illegible]	payé	78	25	18	..	60	25
Picot [illegible] 185[illegible]	payé	44	75	10	30	34	45
Choquet	payé	32	75	7	55	25	20
D. C.	payé	47	50	10	95	36	55
F. Petit	payé	19		4	40	14	60
Leclerc Vicaire [illegible] 18[illegible]	payé	3			70	2	30
		[illegible]					

Gigue 2   Hoeyn 6

Jah Dan 10

Gigue 4
Gigue 5

Hoqui 5

DESSINS ANCIENS

---

1 **Anonyme.** Cortége du pape ; Carnaval à Rome ; Fête nationale en Alsace. 3 p.

2 — Bestiaux dans un gué. — Enfants qui se baignent ; deux très-beaux paysages. A l'encre.

3 — Le petit Hôtel d'Espagne, pièce charge dans le genre de Debucourt. Aquarelle, cartonnée.

4 — Vierge noire, Vierge de Lorette et autre. 3 p.

5 **Portraits.** Le maréchal de Foy. Genre de Demoustier.

— Clairon sur son tombeau; Voltaire, crayon noir, peintres à la sanguine et autres. 40 dessins.

6 ANDREANI (André). Le Christ en croix. Bistre.

7 BALTARD 1804. Château, paysage. A l'encre.

8 BEGA. Figures sanguines et paysages de Beerstaten. 2 p.

9 BERNARD 1778. La duchesse de Savoie? En trait de plume.

10 BERTIN. Adoration des bergers. — Chapelle. 2. p.

11 BIBIENA. Architecture. 2. p. à la plume.

12 BOILLY 1791. Têtes de femmes et d'enfants. 4. p. à l'encre et crayon.

13 BONINGTON. Marine, intérieur d'un port. 2 aquarelles.

14 BONNARD. Louis XIV? cuirassé et casqué. A l'encre.

15 BOSSE (A.). La Justice pesant le Commerce. A l'encre.

16 BOTTSCHILD. Apollon et Marsyas. Bistre.

17 BOUCHER, Divers. Au crayon, sanguine et trois crayons. 14 p.

18 BROSSET. Vue du port de l'Isle de France. A l'encre.

19 BUIS. D'après Léonard de Vinci.—Sainte Famille. Crayon.

20 CALLOT. Vue d'un camp. A la plume.

21 CAREME 1761. Bacchanale. Bistre.

22 CHALLE. Le Bast. — La Servante justifiée. 2 dessins in-4. Au crayon. Contes de La Fontaine.

23 CHARDIN. Études de figures entières. Crayon et sanguine. 5 p.

24 — Marchande de poissons, Chaudronnier. 2 p. A la sanguine.

25 CHARLET. Officier d'ordonnance au galop. A l'huile.

26 CHAUDET. Œdipe et Antigone. Crayon noir et encre.

27 CHOPIN. Ducornet, peintre né sans bras. Au crayon.

28 CICERI père. Intérieur d'église. Aquarelle.

29 CICERI. Trente-six petits croquis de détails d'ornements.

30 COCHIN. Le Saint-Esprit. Sujets de la Passion. 3 p. A la plume. La Religion, Frappement du rocher, etc. 7. p.

31 COLIBER. La Fermière. Au bistre.

32 COYPEL. Moïse sauvé. A l'encre.

éloges 2

1 fil. Gregoire 10

B .0

éloges 3

~~éloges 8~~

Gegen 5

Morgen 5

Gegen 2

Gegen 1.5

Gegen 6

33 DEMARNE. Chèvre, etc. — Ane, etc. 2 jolis dessins à l'encre de Chine.

34 DEVOUGE. Statue de Flore. Aquarelle.

35 DOSSO-DOSSI. Scène de noyades. Bistre.

36 DUFLOS. Costumes. 2 aquarelles. étude sanguine. 3 p.

37 DUPLESSIS. Cavaliers au repos. Bistre.

38 ECHARD. Paysan. — Paysanne, assis. 2 p. Bistre.

39 ECHOUT, etc. Bûcheron et autres figures. Crayon noir. 3 p.

40 EISEN. Cartouche d'armoirie, etc. 3 p.

41 FEROGIO 1831. Le mendiant et sa fille. Mine de plomb.

42 FOREST (E.). Le rêve fantastique. Sépia.

43 FRAGONARD. Bacchante, satyres, costumes, paysage, etc. 5 p. Crayon et bistre.

44 — Abeillard et Héloïse. Bistre et autres, attribués. 3 p.

45 GALLIARI. Décorations théâtrales. Plume, aquarelle, bistre et encre. 18 p.

46 GERICAULT. Calques d'écorchés de chevaux. 6 p. Prisonnier enchaîné. 7 p.

47 Géricault, Raffet, Swcback, etc. 7 p.

48 GILLOT. Costumes, apothéose. 7 p. Sanguine et bistre.

49 GRANET. Vues. A la sépia. 3 p.

50 GREUZE. Têtes, études diverses. 11 p. Sanguine et autres.

51 GUIDO. Sainte Famille. Crayon.

52 GUNTON. Chien d'arrêt et perdrix. Mine de plomb et aquarelle superbe.

53 HILAIRE. Buste de persan. Crayons de couleur.

54 HUET 1789 (J.-B.). Vache debout. Crayon noir, beau dessin.

55 HUET. Paysage. — Étude d'homme, etc. 3 p.

56 INGRES. La Plantation. Bistre.

57 JOUVENET. Figure drapée. — Tête de vieillard. 2 p.

58 LAFOSSE. Disciples d'Emaüs. — Tombeaux et scène romaine, par Lafitte. 5 p.

59 LAGNEAU. Tête d'homme. Crayon de couleur.

60 LAGRENÉE. Abraham et les anges. 2 grands dessins au bistre.

61 LAJOUE. La Géographie. Buste couronné. Deux dessus de portes. A l'encre.

62 LANTARA. Paysage, crayon.

63 LARGILLIÈRE. Président de Parlement en pied, aquarelle.

64 LATOUR. Mlle Devigne devient mère Augustine. Crayon noir.

65 LECLERC. Médailles, vues, etc., cinq dessins plume et encre.

66 LEFÈVRE. Masque d'Henri IV, trois fois répété à la mine de plomb.

67 LEMONNIER. Tête de Neptune avec la gravure. Études de Lebarbier, 4 p.

68 LÉOPOLD ROBERT. Têtes aux trois crayons.

69 LEPICIÉ. Études de figures, enfants, etc., 5 p.

70 LEPRINCE (Xavier). Le marché des Innocents. A la plume.

71 LESSORE. Scène de roman. Bataille. 2 aquarelles.

Gigon 2

Gounouris 1/

Gigon 1
Gigon ?

Gounou 15 Gigon 6

Hoyeur 5

Hoyer 6

Hoguet 5

Gigou 10

Hoguet 10

Gigou 2

Hoguet 6

Gigou 3 Leblanc 7

Gigou 9

Hoguet

72 MARATTE. Vénus et l'amour. Crayon.

73 MARILHAT. Café turc. Mine de plomb.

74 MECKEN. Jésus bénissant. — Ange. 2 p.

75 MESLIER. Paysages, aquarelles et sépia. 5 p.

76 MOINE (Antonin), 1845. Mère et son enfant. Plume.

77 MOREAU. Règne de la loi et autre. 2 p.

78 MOUCHERON. Paysage rocheux, chute d'eau. Plume et encre.

79 NICOLE. Marine. Vue du Capitole. 3 aquarelles.

80 NILSON. Les saisons, jolies compositions dans le goût de Watteau, entourées d'ornements rocailles. 4 dessins à l'encre, in-fol.

81 ORSCHWILER, 1819. Vue en Suisse, sépia.

82 OUDRY. Chasseurs, scènes d'animaux, tête de chien, intérieur de parc. 7 p.

83 PAGNEST. Jeune femme nue couchée. Aquarelle.

84 PANNINI. Architecture, ruines, etc. 10 p.

85 PAPETY. Portrait d'homme. Crayon.

86 PARMESAN. 4 dessins sanguine et autres.

87 PARROCEL. Études d'enfants, cavaliers, etc. 14 p.

88 PENNI (L.). Femme faisant de la musique. 2 p.

89 PERCIER. Intérieurs de Paris. 2 dessins à l'encre.

90 PERLET, 1841. Elève d'Ingres, moine assis. Crayon noir.

91 PETIT. Jeune page. aquarelle.

92 PIERRE. Pillement, Petitot. 3 dessins.

93 POLYDORE. Frises pour bas-relief, etc. 6 dessins rehaussés de blanc.

94 PORTAIL. Enfant, vieillard. 2 têtes à plusieurs crayons.

95 POUSSIN (d'ap.). Jésus guérissant les aveugles. Crayon, passé aux carreaux.

96 PRECHOT. Moulin à eau. Jolie aquarelle.

97 PRUDHON. Son portrait? Allégories, amours, etc. 5 p.

98 — Projet de frise pour le Panthéon. Beau dessin à la plume, et croquis aux crayons. 3 p.

99 RADEMACKER. Paysage en bistre.

100 RAFFET. Inspection de troupes russes. Croquis.

101 RAPHAEL (d'ap.). Jupiter embrassant l'Amour.

102 ROBERT. Sacrifice. — Vue de Rome très-grande, vues intérieures et extérieures de monuments en bistre, signés 1759. 7 dessins.

103 ROMAIN (Jules). Présentation au temple, etc. 3 dessins.

104 RUBENS. Son portrait aux trois crayons attribué.

105 SAINT-AUBIN. Pierrot, allégorie, portrait de femme et autres. 6 dessin.

106 SCHENAU. Intérieur de famille. A l'encre.

107 SIRANI. Deux têtes de femmes. Sanguine.

108 SYLVESTRE (J. B. de), 1747. Son portrait, le parnasse et autre. 3 p.

109 SOUFFLOT, 1767. Tombeau. A l'encre.

110 THOMAS, 1817, à Rome. Le moine effet de lumière.

111 TIEPOLO. Dieu dans sa gloire et autres. 3 dessins.

112 TIERCE. Jeune fille et jeune homme italien. 2 dessins à la plume faits pour l'abbé de S. Non.

Goncourt 17 Gigoux 1

Hoquet 3

B. 6

[illegible]

Leblanc 6

Leblanc 6

Hogue 8

B. 15 Leblanc 8

Hogue 9

Leblanc 5

Hogue 2

Hogue 3

Leblanc 3

Hogue 5

113 TITIEN (d'ap.). Bataille. — Jeu d'enfants. 2 p.

114 TOPFER, 1821. Paysage boisé. Aquarelle.

115 TRINQUESSE. Scène de famille, et autre. 2 p.

116 WAGNER et autres Paysage au bistre, etc. 9 p.

117 VALIN. Bacchante, allégorie, etc. 5 p.

118 VANLOO. Tête de femme et autres. 3 p.

119 WATTEAU (Genre). Costumes, etc. 9 p.

120 WATTEAU de Lille. 3 costumes de femmes et d'homme. Mine de plomb.

121 VECCHI (Jio. de). Histoire et miracles d'un saint. 18 p. au bistre.

122 VERBEEKOVEN. Animaux au pâturage. A la plume.

123 WILLE. Paysage rocheux bistre, tête de vieille, etc. 3 p.

124 XAVIER. Trépied. A l'encre de Chine.

125 ZUCCHERO. Ascension, allégorie. 2 p. bistre.

126 **Architecture.** Plans, élévation et coupes de théâtres. Aquarelles. 10 p.

127 — Meubles, plafonds, décorations intérieures, coupes et plans de maisons et monuments divers. 78 p.

128 — Décorations théâtrales, monuments, fontaines, tombeaux, etc. 80 p.

129 — Ornements, frises, cartouches, entablements, détails d'ornementation, vases, etc., etc. Plus de 200 dessins seront divisés.

130 **École italienne**. Sujets, figures, paysages, etc. au bistre et autres. 33 p.

131 Ecole italienne et autres. Sujets religieux, Christ en croix, etc., Carlo Dolci, Murillo. 10 p.

132 **Ecole flamande**. Drielst, Sandrardt, etc. 14 p.

133 **Ecole française** moderne. Alaux, Jacquand, Thiénon, etc. 10 p.

— Ancienne. Sujets divers. 21 p.

134 Dessin à la plume dans le genre Watteau. Académie de femme, portrait de Champagne, etc. 5 p.

135 Vaches et animaux, d'ap. divers. 7 p.

136 Sujets allégoriques, historique, gracieux, etc. 55 p.

137 Sujets religieux divers. 40 p.

138 Sujets et groupes d'enfants. [illegible] p.

139 Batailles, animaux divers. 13 p.

140 Compositions, vignettes pour illustration, paysages, aquarelles, etc. Environ 30 p.

141 Gouaches, vues de Naples. 4 p.

Paysages divers, aquarelles, crayon, etc. 18 p.

Vues de Rome, bistre et autres. 8 p.

Sujets drolatiques, la Musique, sanguine, 5 p.

Costumes et figures, intérieurs. 30 p.

142 Etudes de têtes, sanguine et crayon. 83 p.

143 Académies, croquis d'après Michel-Ange, etc. 65 p.

144 Divers, croquis à la plume et autres. 80 p.

Hoguet 10
Gigoux 4.

Hoguet 6
Hoguet 7

Hoguet 30

Hoguet 8

[illegible] 8

[illegible] 15

[illegible] 8

[illegible] 5

ESTAMPES

145 Album de la Chronicle. 59 p. D'ap. les tableaux et les camées de la Galerie de Florence.

146 **Avril**. Le Croc en jambe, d'ap. Rubens. Rare.

147 **Bertin** (d'ap.). L'Amour piqué par une abeille. Très-belle ép., par Silvestre.

148 **Bervic**. L'Innocence, d'ap. Merimée.

149 **Bois** allemands anciens. 97 p.

150 **Boissieu**. Paysages à l'eau forte, têtes, etc. 33 p.

151 **Bolswert**. Le Reniement de saint Pierre, d'ap. Seghers, et pendant. 2 p.
— La Conversion de saint Paul, d'ap. Rubens.

152 **Bouchardon**. Les Cris de Paris. 16 p.

153 **Boucher** (d'ap.). Tête de la colonne Trajane.

154 **Brebiette**. Frises, bacchanales. 17 p. Très-belles.

155 **Callot**. Le Siége de Breda, en 6 feuilles.

156 — Costumes, gueux, etc. 50 p. par et d'ap.

157 **Canaletti**. Vues de Venise. In-fol., à l'eau-forte. 6 p.

158 **Caricatures** anglaises depuis 1742, et autres. 21 p.

159 Caricatures françaises. La Contre-révolution, Conspiration découverte, les Femmes d'aujourd'hui, d'autrefois, etc. 4 p.

160 **Courtin** (d'ap.). Le Hanneton. Belle ép., marge.

161 **Coypel** et autres (d'ap.). Don Quichotte. 22 p.

162 **Debucourt**. 1810. Le Canal (Traîneau). Belle.
— Un Usurier, 1804. Très-belle ép. Rare.
— Exercice de Franconi, n° 1 et n° 2. 2 p.

163 **Denon**. Le Taureau, d'ap. P. Potter; grande et belle eau-forte.

164 **Denon**, d'ap. David. Costumes du citoyen français, Représentant, Officier municipal et autres, en noir et en couleur. 10 p.

165 **Dunouy**. Paysages à l'eau-forte. 15 p.

166 **Durer**, etc. Bois, la Passion et autres. 28 p.

167 **Dyck** (d'ap. V.). Le Christ mort, Vierge, les Apôtres, etc. 16 p.

168 **Earlom**. The Holy Family, d'ap. Rubens.

169 **Eaux-fortes**. Demarne, Faber et autres. Animaux. 105 p.

170 Ecole anglaise. Le Matin, le Soir, Renard, Napoléon et ses généraux, Chasse au cerf, etc. 7 p.

171 Ecole française. Le Savetier et le Financier de Jeaurat, et autres pièces, sanguine. 4 p.

172 Ecole italienne. Canaletti et autres. 33 p.

173 **Grevedon**, etc. Têtes de femmes lithog 50 p.

174 **Heath**. The lover's quarrel, d'ap. Newton. Belle.

175 **Hogarth**, Les deux Apprentits. 12 p. Complet.
— Le Mariage à la mode, Comédiennes ambulantes à leur toilette et autres. 27 p.
— The distress poet, Gin lane, Beer street et autres. 8 p.

176 **Hubert**. Paysages, études, lithog. 20 p.

177 **Huet**. Animaux à l'eau-forte. 20 feuilles.

B. 11.

Hoguet 20
Hoguet 6

Hoguet 4

Albane 10
2 chasses

Ollivier 15 les Comédiens et autres
excepté le
Mariage alamode

Moque 25

178 **Julien**. Etudes de têtes avec ton, l'Ecorché d'Houdon. 16 p.

179 **Lafage**. Bacchanales, frises. 12 p.

180 **Leew**. Chasse au lion, d'ap. Rubens.

181 **Lemesle** (d'ap.). Histoire de Lazarille. 11 p.

182 **Leprince**. Divers habillements de femmes de Moscovie, dédié à M. Lagrenée. 12 p. Toute marge.

183 Lithographies, paysages et sujets religieux. 33 p.

184 **Molitor** (d'ap.). Paysages; gr. in-fol. en bistre. 5 p.

185 **Moreau** (le jeune). Arrivée de la reine à l'Hôtel de ville. — Feu d'artifice. 2 grandes pièces avant la lettre.

186 Ornements, architecture. 22 p.

187 Paysages, Kolbe et autres, d'ap. Berghem et autres ; Venise par Guesnu ; vues d'Egypte, etc. 40 p.

188 **Perrot**. Marines. 15 p.

189 **Photographies**. Vues de Paris, etc., de Donas et Legray. 17 p.

190 **Pièces en couleur**. Benazet, Boilly, Challe et autres, sanguine, etc. 34 p.

191 **Pièces historiques**. Entrée de l'ambassadeur de Perse, place Royale, 1715.

192 — Promenade de Louis XV et de son épouse, étant enfants, ils sont dans une voiture poussée par des valets, dans le jardin des Tuileries; le château est au fond. Très-grande pièce en 3 feuilles jointes. Rare.

193 — Audience publique à l'ambassadeur de Turquie, 1742. Trait lavé à l'encre.

194 — Louis XV sur son trône recevant Mehemet.

195 — Le Roi en conseil prêt à signer un arrêt.

196 — Le Bucentaure, Batailles, Feu d'artifices, Fêtes, etc. 20 p.

197 — Pièces historiques diverses, environ 60 p.

198 **Pitteri.** La Chasse aux canards, etc. 2 p.

199 **Portraits.** Mathias, par Sadeler, in-fol. Marie-Antoinette et autres. 30 p.

200 Portraits en couleur. Condé, Villars, Montaigne, Fontelle, Descartes, etc. 10 p. rognées.

201 Portraits anglais et par Moncornet, Nanteuil, etc. 28 p.

202 Portraits de peintres tirés de la Galerie de Bologne. 15 p.

203 Portraits de Femmes célèbres, Ecclésiastiques, Rois de France, anciens et modernes. 250 p.

204 Portraits divers, environ 170 p.

205 **Poussin** (d'ap.). Paysages, grand in-fol. 6 p.

206 **Rembrandt.** Le Dessinateur d'ap. le modèle. — Jésus guérissant les malades, et autres. 7 p. par et d'après.

207 **Reynolds.** La Sainte Famille, avant toute lettre, Hope, et autre. 3 p.

208 **Ridinger.** Animaux coloriés. 18 p.

— Sujets de chasses, Animaux, Scènes de camps en manière noire. 31 p.

Scènes d'équitation. 6 p. grand in-fol.

209 **Rosa** (Salvator). Apelles, Platon, etc. 16 p.

210 **Rubens** (d'ap.). Vierges, Sujets religieux et autres, la Kermesse, etc. 32 p.

211 **Scotin.** Danse d'Arlequin et de Colombine. Grande pièce à trois figures dans des ornements.

Figure 2

Figure 12

B 10
2 chevaux 1/2

Hoquet 5

Hoquet 15 Baudricourt 6.

Lebon Hoquet 15

Hoquet 15

Hoquet 13

Hoquet 15

212 **Stella** (A.-B.). Entrée de Sigismond à Mantoue. 21 p.

213 **Suyderhoef.** Constantin l'empereur. Superbe ép.

214 **Tiepolo.** Plafonds et autres compositions. 14 p. Très-belles.

215 **Tresca.** Point de convention et autres. 4 p.

216 **Vernet.** (d'ap. Carle) Passez-payez, Chevaux pour la course, Anglais, etc. 12 p.

217 — Les Mamelucks, par Debucourt. 4 p.

218 **Vernet** (H). Ali Pacha — et Batailles, par Bellanger. 3 p.

219 **Vertue.** Edouard VI sur son trône, d'ap. Holbein.

220 **Vignettes** d'ap. Moreau, Percier, Raffet. 20 p.

221 **Wille.** Parrocel (Joseph). — Maurice de Saxe. 2 p. belles ép.

222 Vues de Paris et France, par Perelle, Silvestre, etc. 22 p.

223 École Anglaise. Manière noire. La Forge, Kemble et Mrs Cibber, etc. 19 p.
— Sujets de Chevaux, d'ap. Stubbs, etc. 7 p.

224 École Allemande et Flamande. 35 p.

225 École Italienne. 42 p.

226 École Française. Poussin et autres. 100 p. 2 lots.

227 — Académies d'ap. Bouchardon, Natoire et autres.
Statues, 60 p.

228 École Française, XVIIIe siècle et autres, environ 80 p.

229 — Chardin, Pater, Watteau. 18 p.

230 — Fragonard, Porporati, etc. 28 p,

231 École Flamande. Divers. Environ 80 p.

232 — Sujets religieux. Vierges, etc. 33 p.

233 — Animaux. Londonio, Volmar et autres. 12 p.

234 — Paysages divers. 122 p.

235 Paysages. Vernet, Vivares, etc. 33 p.

236 Vues de Londres, Églises, etc. 51.

237 Vues générales de Paris, Londres, Rome, Naples, Versailles, etc 11 p. grand in-fol.

238 Vues à vol d'oiseau. Exposition. Sébastopol, etc. 24 p.

239 École moderne. Manière noire et autres, d'ap. Dubuffe. — Élisée, d'ap. Owerbeck. Gabrielle de Vergy, etc. 17 p.

240 **Lithographies**. Charlet, Valentin. 44 p.

241 — Paysages, Costumes, Sujets religieux et autres, noir et couleur, environ 210 p.

242 — Têtes d'études tirées de Léonidas, les Sabines, Académies et autres, environ 50 p.

243 — Ornements divers, moyen âge, etc. Environ 400 p.

244 — Album de la Société des Amis de Arts de Lyon, grand prix d'architecture, etc , 30 p.

245 Atlas d'Homann, 1731. Plans, Vues et Cartes de tous les pays du monde ; Plan de Paris, de Lagrive, 1739. 351 p.

246 — Cartes du dépôt de la Marine. 16 p.

247 — Sous ce numéro, pièces choisies du journal l'Artiste, et autres non cataloguées.

Renou et Maulde, imprimeurs de la Compagnie des Commissaires-Priseurs, rue de Rivoli, 144. 29216

Hoquet 5

Hoquet 8.

26	Etrangers	1 95	85
76	France	3 05	
82	Paris	1 50	
27	Paris	1 10	

300 Large

4. mains chemises 5 —

2. Voitures 5 —

186e 16 Février 1864

4	[illegible]	[illegible] Durand	2 . . .
7	Baltard	Gigoux	4 25 .
8	Bega	Gigoux	4 50 .
13	Bonington	Hoquet	6 .
23	Chardin	Gigoux	3 .
24	2 Bouchardon	Berger	5 .
27	Chopin Ducornet	Hoquet	1 .
46	Gericault	Gigoux	10 .
61	Lajoue	Goncourt	13 .
64	Latour Mlle [illegible]	Goncourt	7 .
68	Leopold Robert	Hoquet	2 .
71	Lessore	Hoquet	4 .
74	Meeken	Gigoux	2 .
83	Pagnest	Hoquet	6 .
89	Percier	Gigoux	4 .
91	Petit	Hoquet	1 50 .
94	Portail	Goncourt	4 .
96	Prechot	Hoquet	3 .
98	Prudhon	Berger	4 .
106	Schenau	Leblanc	3 50 .
117	Valin	Hoquet	6 .
120	Watteau d'[illegible]	Hoquet	9 .
122–123.	2 dessins	Hoquet	4 .
125	Zucchero	[illegible]	2 .
132	2 paysages	Gigoux	3 .
133	2 Français ann[illegible]	Hoquet	4 .
134	5 p.	Hoquet	3 .
136	55 p. [illegible]	Hoquet	32 .
141	16 p.	Hoquet	5 .
	30 p. Sir/Voules	Hoquet	10 ×
149	Bois 97 p.	Hoquet	8 .
151	Bolswert	Hoquet	15 .
152	Bouchardon	Olivier	5 .
156	Callot.	Hoquet	4 50 .
			200 25

			200 25
162	Debucourt	Berger.	7 .
166	Durer	Hoquet.	15 .
170	2 Chasse	A. Albert.	10 .
175	Hogarth	Ollivier.	20 .
190	34 p. en couleur	Hoquet.	24 .
203	100 portr.		8 .
204	30 portr.		8 .
206	Rembrandt	Hoquet.	7 .
216	2 chevaux	Berger.	4 .
225	Ecole italienne	Hoquet.	9 .
226	6 E. Française	Baudicour.	3 .
	50 p.	Hoquet.	15 50.
227	Div. 30 p.		6 50.
228	Ecole franç.	Hoquet.	15 50.
232	Sujets religieux	Hoquet	3 .
	200 artistes		5 50
	300 artistes		8 ..
			369 25
			18 45
			387 70

387 70

Me DELBERGUE CORMONT
COMMISSAIRE-PRISEUR.
Rue de Provence, N° 8.

BORDEREAU D'ADJUDICATION

Vente

M. Vignier

Rue

Articles du procès verbal	Numéros du Catalogue	Le 16 février 1864.	F.	C.	F.	C.
	4				2	
	7				4	[illegible]
	8				4	[illegible]
	13				6	
	23				3	
	24				5	
	27				1	
	46				10	
	61				13	
	63				7	
	68				2	
	72				4	
	74				2	
	83				6	
	87				4	
	91				7	[illegible]
	94				4	
	96				3	
	98				4	
	106				3	[illegible]
	117				6	
	120				9	
	122.127				4	
	129				2	
	132				3	
	133				4	
	134				3	
		à Reporter			120	75

Mr Vignères

Articles du procès verbal	Numéros du Catalogue	Le 186	F.	C.	F.	C.
		Report d'autre part			120	"
	136				32	
	1441				5	
	141				10	
	144				8	
	151				15	
	152				5	
	158				4	50
	162				7	
	166				15	
	170				10	
	171				22	
	190				24	
	203				8	
	204				8	
	206				7	
	211				4	
	214				9	
	220				3	
	226				15	50
	227				6	50
	228				13	50
	232					
	244				18	50
	247					
					369	25
					18	45
					387	70

Reçu ... (signature)

Blaisot	Girard	Bernard	Choquet	Picot	J. C.	F. Petit	Leclerc
34 75	9	1	5	4	47 50	4 50	3
12 25	[illegible]	1 25	1 25	35 25		2 25	
41 75	8	10 50	2	5 50		2 50	
6 75	4 50	15	2			5 50	
7	15	5 50	2 50			3 25	
18 75	23 00	2 50	1 25			1	
8	8 75	7	4				
18	2 25	5 50	3 50				
24 25	30 50	4 75	9 50				
56 50	6	9	5 75				
4	4	[illegible]					
8 50	26 [illegible]	6					
93 50	14	2 25					
11 00	18						
49 50	61 50						
13 25	3						
4	14						
30	3 75						
73 75	31 25						
20 50	7						
99 00	1 25						
6 50							
28							
29 50							
13 50							
4 75							
13							
22							
16							
1 50							
21							
13							
6							
49 25							
2 75							
14 50							
8 50							
4 25							
61 ..							
3							
3							
3							
2 50							
963 00	292 25	78 25	32 75	44 75		19 00	

963 00
292 25
78 25
32 75
44 75
47 50
19 ..
3 ..
1480 50

il veut faire couper l'arche [illegible] retranchés, mais le général Pajol ne lui en donne pas le temps; tandis que l'artillerie de la garde, en position sur les hauteurs de la long de la rivière, canonne l'ennemi, tandis que l'infanterie marche vers le pont, lui, à la tête d'une division de cavalerie, se précipite dans le faubourg entre la Seine et l'Yonne. Une charge du 7e des chasseurs à cheval empêche les Wurtembergeois d'exécuter leur projet et on refoule.

Le mouvement de retraite de l'ennemi sur la chaussée de Froissart se dessine dans la soirée.

—

186

M. DELBERGUE CORMONT,
Comre Priseur,
8 Rue de Provence.

16 %

1864

Vente de Dessins et Estampes

			1481	50
à déduire				
Affiches et affichage	16			
insertion au moniteur des ventes	12	40		
Déclaration de Vente	2	..		
Timbre du procès verbal	3	..		
Enregistrement	37	40		
Versement en bourse commune	41	80		
Honoraires du Commissaire priseur	46	20		
Location de la Salle	24	45		
Clercs et crieurs	12	..		
Honoraires Vignères	78	..		
Catalogue	85	..		
Commissionnaire	5	..		
Gratification	13	..		
	382	85		
	74	10	308	75
			1,172	75

www.ingramcontent.com/pod-product-compliance
Ingram Content Group UK Ltd.
Pitfield, Milton Keynes, MK11 3LW, UK
UKHW021317190726
13839UKWH00007B/1927